L.K. 83. 14

REGLEMENS
FAITS PAR L'ASSEMBLE'E DES ETATS, pour la Tenuë des Assiettes, autorisez par Arrêt du Conseil du 3 Avril 1659.

Du 23 Janvier 1658.

ARTICLE PREMIER.

PREMIÉREMENT, que lesdites Assiettes seront convoquées immédiatement après la Tenuë des Etats, & au plûtard un mois après la fin d'iceux, dans les formes ordinaires de chaque Diocèse, & aux Villes & Lieux où elles ont accoûtu-

Tems de la convocation des Assiettes.

A

mé de se tenir; en telle sorte toutefois que les termes des Impositions portez par les Commissions, ne puissent être reculez.

II.

Ceux qui ont droit d'y assister.
Voyez l'Art. 3. de l'Arrêt du 30. Janvier 1725.

Qu'il ne sera reçû dans lesdites Assiettes, que les Seigneurs Evêques & Barons des Diocèses, Grands-Vicaires ou Envoyez qui ont droit d'y assister, & les autres Personnes qui sont dénommées en l'Etat arrêté au Conseil en l'année 1634, ou autres qui ayant été omises audit Etat, y ont été ou seront remises.

III.

Droit d'assistance.

Nota. suivant la Délibération du 3. Janvier 1755. l'honoraire du Commissaire principal a été porté jusqu'à 300 liv.

Que les Commissaires principal. & ordinaires, Consuls & Deputez des Villes & Lieux, qui auront assisté auxdites Assiettes, ne pourront prendre pour leurs Gages & Droit d'assistance, que les sommes qui leur sont ordonnées par led. Etat du Roi & Arrêt, sans le pouvoir augmenter, sous pretexte de sejour & affaires extraordinaires, ni autrement, à peine de concussion, & de privation de l'Entrée aux Etats & Assiette, & autre arbitraire; & ne pourront lesdits Diocèses, Commissaires & Deputez, faire ni demander aucune augmentation de Gages pour leur droit d'assistance auxdites Assiettes, que prealablement elles n'ayent été consenties par les Etats.

IV.

Que dans lefdites Affiettes il ne pourra être départi ni impofé fur les Communautez, que les fommes qui auront été confenties par les Etats, & contenuës aux Commiffions de MM. les Commiffaires Prefidens pour le Roi en iceux, avec les fraix d'Affiette reglez par l'Etat du Roi, de l'année 1634, & Arrêts du Confeil donnez fur ce fujet à la Requête des Diocèfes, & non autrement; enfemble les Journées extraordinaires que les Deputez des Diocèfes employeront aufdits Etats, & les recompenfes qui feront accordées aux Sindics defdits Diocèfes, à proportion de leurs fervices.

Sommes qui doivent etre impofées.

V.

Dans lefdites Affiettes on pourra encore impofer les interêts des Dettes dont les capitaux auront été bien & dûëment verifiez, même, fi bon leur femble, des capitaux des Dettes verifiées, conformément à l'Arrêt du Confeil du 8 Fevrier 1634.

Interêts & Capitaux des Dettes verifiées.

VI.

Et s'il y a d'autres Dettes contractées depuis la dernière verification, il en fera dreffé un Etat, fur lequel la verification en fera pourfuivie devant MM. les Commiffaires Prefidens pour le Roi

Verification des Dettes.

aux Etats, durant la Tenuë d'iceux, par les Consuls des Villes ou Deputez des Diocèses, sans aucun fraix, suivant les Deliberations sur ce prises le 25 Octobre & 5 Novembre 1657.

VII.

Dettes pour Procès doivent être verifiées.

Que si lesdits Diocèses en particulier avoient des Affaires & des Procès, & qu'il fût jugé à propos de les terminer par accommodement, ils le pourront faire durant la Tenuë desdites Assiettes : & s'il est accordé quelques sommes, il sera dressé un Etat d'icelles, qui sera porté aux Etats suivans & remis entre les mains des Sindics-Generaux de la Province, pour être verifiées en la forme que les Etats l'ordonneront, sur lequel il sera poursuivi devant mesdits Sieurs les Commissaires du Roi, leur avis, pour l'imposition desdites sommes accordées.

VIII.

Fonds destiné aux Procès & affaires du Diocése; appellé fonds du Sindic.

Que le fonds destiné par le Roi, pour subvenir aux fraix des Procès & Affaires des Diocèses, ne sera pas diverti dans les Assiettes, ni employé à autre usage qu'à celui auquel il se trouve destiné par ledit Etat & Arrêt.

IX.

Commissaires ordinaires.

Les Officiers du Roi qui se trouveront Commissaires ordinaires dans lesd. Assiettes, ne pourront opiner sur les Affaires qui seront proposées en icelles, ni donner aucunes Ordonnances contre celles qui pourroient être renduës par ledit Commissaire principal ; deffendant aux Consuls & Deputez des Villes & Lieux dudit Diocèse, d'y deferer, à peine d'être exclus de l'Entrée aux Etats & Assiettes.

X.

Que les Receveurs & Contrôleurs des Tailles ne pourront avoir entrée ni séance auxdites Assiettes, que lorsqu'ils auront à presenter leurs Comptes, ou qu'ils seront appellez pour traiter quelques affaires avec lesdits Diocèses ; deffendant très-expressément aux Commissaires & Députez des Assiettes, de leur accorder aucune taxe pour droit d'assistance.

Receveurs & Cantrôleurs des Tailles.

XI.

Que les sommes imposées dans les Diocèses, ne pourront être diverties ni employées qu'à ce qu'elles auront été destinées par les Assiettes, pour quelque cause & pretexte que ce puisse être ; ce faisant, la dépense ne pourra exceder la recette, ni les Diocèses rester Relicataires envers lesdits Receveurs, à peine de pure perte pour lesdits Receveurs.

Divertissement des sommes imposées.

Les Diocèses ne peuvent être declarés relicataires envers les Receveurs.

XII.

Il ne sera rien accordé pour les avances des fraix d'Assiette, & des journées extraordinaires des Deputez aux Etats.

Ni pour le maniment des Emprunts faits par les Diocèses.

Les Commissaires & Deputez des Assiettes ne pourront rien accorder auxdits Receveurs pour les avances des fraix ordinaires de l'Assiette, ni pour les vacations des Journées extraordinaires qu'ils doivent payer aux Deputez des Etats, non plus que pour le maniment des emprunts qui pourroient être faits par lesdits Diocèses.

XIII.

Sommes accordées aux Communautez.

Quand il sera accordé quelque somme aux Communautez, soit par MM. les Commissaires du Roi, ou par l'ordre des Etats ou des Diocèses, l'Etat de distribution en sera fait en pleine Assiette; faisant deffenses aux Receveurs desdits Diocèses, de rien payer que suivant ledit Etat & aux dénommez en icelui, sans qu'il soit besoin d'aucun autre Mandement particulier, à peine de payer deux fois.

XIV.

Termes des Impositions.

Nota. Les Etats déliberent chaque année, sur le renvoi du premier terme au second, en laissent aux Diocèses & aux

Que lesdites Assiettes ne pourront rien accorder aux Receveurs desdits Diocèses, sous pretexte de reculement des termes des Impositions; les Etats voulant que les sommes imposées soient levées aux termes portez par les Commissions, sans entasser un terme sur l'autre; & en cas de contravention, lesdits Receveurs seront poursuivis à la restitution des sommes à eux accordées pour ce sujet.

Communautez, la liberté de traiter à ce sujet avec les Receveurs.

XV.

Les gratifications extraordinaires qui auront été accordées par les Etats, seront imposées dans les Assiettes, sur le Certificat signé du Greffier des Etats, de la portion & cotité qu'ils en doivent porter; & en cas que la permission d'imposer les susdites gratifications ne seroit pas accordée, les deniers demeureront ès mains du Receveur des Diocèses, pour être d'autant-moins imposé l'année suivante; les Etats faisant deffenses aux Diocèses de faire aucunes Assemblées particulières pendant l'année, sous quelque pretexte que ce soit, conformément à diverses Deliberations prises sur ce sujet.

Gratifications extraordinaires.

Nota. La permission d'imposer les Gratfications, est comprise dans l'Arrêt du Conseil qui autorise toutes les Impositions.

XVI.

Ne sera fait aucun fonds dans lesdites Assiettes pour les Epices que les Tresoriers-de-France pretendent pour la verification des Etats des Deniers extraordinaires, leur étant deffendu d'en prendre pour ce sujet par divers Arrêts du Conseil.

Epices des Tresoriers de France.

Nota. Il a été dérogé à cet Article par Délibération des Etats du 30. Mars 1661.

XVII.

Seront tenus les Receveurs & Sindics des Diocèses, de compter à chaque année des Deniers

Comptes des Sindics & des Receveurs.

de leur maniment, & les Receveurs de faire appurer leurs Comptes dans la deuxième année, autrement les Parties surfises ou tombées en souffrance, tomberont en debet de clair au profit des Diocèses.

Appurement des Comptes des Receveurs.

XVIII.

Que les Deliberations prises dans l'Assemblée des Etats, portant Reglement pour la discipline des Assiettes, & qui ordonnent des peines contre les Particuliers dénommez en icelles, seront lûës à l'ouverture desd. Assiettes, afin que le contenu en icelles soit observé; enjoignant aux Commissaires principal, ordinaires, & Deputez desdites Assiettes, de tenir la main à l'execution du présent article. Et afin qu'elles puissent être connuës à un chacun, il en sera fait mention expresse dans les Instructions qui sont tous les ans envoyées dans les Diocèses, dont les Consuls & Deputez des Diocèses se chargeront au Greffe des Etats, conjointement avec les Commissions, pour être remis en chacune desdites Assiettes.

Déliberations & Règlement des Etats, pour la Discipline des Assiettes.

XIX.

Que pendant la Tenuë desd. Assiettes, les Receveurs des Diocèses seront obligez de raporter les Extraits des Quitances en bonne & dûë forme, passées devant un Notaire, des sommes qu'ils auront payées

Quitance des interêts & des Capitaux des Dettes.

payées pour les capitaux ou interêts des sommes dûës par ledit Diocèse, lesquelles seront remises dans les Archives, pour y avoir recours en cas de besoin.

XX.

Que de tous les Departemens qui seront faits dans les Diocèses, conformément à la Deliberation prise l'année dernière le 14 Mars, il en sera fait trois originaux, dont l'un demeurera au Greffe des Diocèses; le second sera remis ès mains du Receveur en exercice, & le troisième ès mains des Sindics-Generaux de la Province, chacun dans son Departement, pour être par eux vûs, verifiez & raportez aux Etats suivans; enjoignant aux Consuls des Villes, & Deputez des Diocèses, chacun à leur égard, de tenir la main à l'execution de cet Article, sur les peines portées par ladite Deliberation.

Trois originaux des Départemens.

XXI.

Et pour l'expedition desdits Departemens & Verbaux, & pour toutes autres expeditions & affaires des Diocèses pendant l'année, il sera payé aux Greffiers des Diocèses, compris ce qui leur est accordé par l'Etat de l'année 1634, & Arrêts du Conseil donnez ensuite; Sçavoir, à celui du Bas-Montauban cent cinquante livres, de Lavaur trois cens livres, d'Alby quatre cens livres, de

Appointemens des Greffiers des Diocèses.
Voyez l'Art. 10. du Règlement du premier Mars 1659.

B

Caſtres trois cens livres, de St. Papoul deux cens livres, de Carcaſſonne trois cens livres, d'Alet & Limoux trois cens livres, de Montpellier trois cens livres, de Niſmes quatre cens livres, d'Uzés trois cens livres, du Puy quatre cens livres, de Mende quatre cens livres, de Lodève deux cens livres, de Beziers trois cens cinquante livres, de St. Pons deux cens livres, à celui de Mirepoix deux cens cinquante livres, & ceux de Commenge, Rieux, Touloufe, Viviers, Agde & Narbonne, n'auront que ce qui leur eſt accordé par ledit Etat du Roi de l'année 1634, leur deffendant très-expreſſément, moyenant ce deſſus, de prendre pour eux ni pour leurs Clercs, pour quelque cauſe & occaſion que ce puiſſe être, aucun ſalaire ni gratification, ni même d'en prendre, à peine concuſſion & deſtitution de leurs Charges.

XXII.

Etat abregé des ſommes impoſées. Et voulant que tous les Habitans de la Province ayent une entière connoiſſance des ſommes impoſées, les Etats ordonnent que pendant la Tenuë des Aſſiettes, il ſera dreſſé un Etat general en abregé, de toutes les ſommes qui auront été départies, qui ne contiendra qu'autant d'articles qu'il y a de nature de Deniers, lequel Etat ſera en forme de placard, qui ſera affiché aux Lieux publics des Villes où les Aſſiettes ſe tiendront. FAIT & arrêté en l'Assemblée des Etats-Generaux, tenus en la Ville de Pezenas le vingt-troisième Janvier mil six cens cinquante-huit. ANTHIME DENIS, Evêque de Nismes, Président. Du Mandement de Mesdits Seigneurs des Etats. ROGUIER, *ainsi signez à l'Original.*

ARTICLES AJOUTEZ AUDIT RÈGLEMENT.

Du premier Mars 1659.

I.

Premiérement, que conformément au vingtiéme article du Reglement de l'année dernière, il sera fait dans les Diocèses trois Originaux qui seront signez des Commissaires principaux, ordinaires, & Deputez desdites Assiettes, tant du Verbal que des Departemens qui seront faits, dont l'un demeurera au Greffe d'icelui, l'autre sera remis ès mains du Receveur en exercice, & le troisiéme entre les mains des Sindics-Generaux, chacun dans son Departement, six semaines après la Tenuë des Assiettes, sans aucun retardement, & par un Messager exprès à pied ; à peine contre les Greffiers particuliers qui contreviendront au present article, de l'interdiction de leurs Charges.

<small>Trois originaux des Départemens, dont l'un remis au Sindic-General du Département six semaines après la Tenuë des Assiettes.</small>

II.

Les Greffiers des Diocéses responsables, des Départemens des Impositions faites dans les Affiettes.

Seront tenus les Greffiers des Diocéses, avant d'envoyer dans les Communautez particulières les Departemens des impofitions qui feront faites dans les Affiettes, de verifier s'ils font juftes au calcul, les Etats les rendant refponfables en leur propre & privé nom, au cas qu'il fe trouvât qu'il eût été départi & impofé plus grande fomme qu'il n'auroit été diftribué.

III.

Etat des Dettes verifiées remis au Sindic-Géneral du Département.

Il fera dreffé dans les Affiettes prochaines, un Etat particuliers des Dettes dûëment verifiées de chaque Diocéfe, qui fera figné des Commiffaires principaux ordinaires, & Deputez en icélles, pour être remis en original, fix femaines après leur Tenuë, entre les mains des Sindics-Generaux, chacun dans leur Departement; & au cas qu'il y ait des Diocéfes qui ayent des Dettes non verifiées, il en fera dreffé un Etat feparé, qui fera remis dans le même delai entre les mains des Sindics-Generaux; ordonnant cependant les Etats aux Sindics particuliers des Diocéfes, d'en pourfuivre inceffamment la verification.

IV.

Capitaux des Dettes verifiées.

On pourra Impofer dans lefd. Affiettes, les capitaux des dettes dûëment verifiées ; auquel cas, lad. impofition fera comprife, par un article feparé, dans le Departement des fraix d'Etats & d'Affiette.

V.

Les Deliberations des Diocèfes donnant pouvoir d'emprunter, ne pourront être exécutées, fous quelque prétexte, manière & occafion que ce puiffe être, qu'elles n'ayent été préalablement raportées aux Etats, qui en examineront les motifs & en ordonneront l'exécution, s'il y échoit.

Confentement des Etats aux Emprunts des Diocèfes.

VI.

Qu'il ne pourra être départi ni impofé dans lefd. Affiettes, fur les Communautez particulières, que les fommes qui feront confenties par les Etats, & approuvées par leurs Reglemens ; comme auffi, qu'il ne fera point confenti à aucunes gratifications extraordinaires ; & au cas de contravention au prefent Article, les Etats font très-expreffes deffenfes aux Receveurs qui feront en exercice dans les Diocèfes, de payer aucunes fommes qui auroient été impofées contre l'ordre, à peine de pure perte, & d'en répondre en leur propre & privé nom.

Impofitions des fommes confenties par les Etats, & approuvées par leurs Règlemes. Il ne fera confenti à aucunes gratifications extraordinaires.

Voyez l'Art. IV. du Règlement du 23 Janvier 1658.

VII.

Les Comptes des Sindics particuliers des Diocè-

Comptes des

Sindics, remis au Sindic-General du Département, lorsqu'il leur est dû par les Diocèses.

ses, feront remis en original, signez des Commissaires principaux, ordinaires, & Deputez des Assiettes, entre les mains des Sindics-Generaux, chacun dans son Departement, six semaines après la Tenuë d'icelles, lors toutefois qu'il se trouvera leur être dû par les Diocèses, & non autrement.

VIII.

Fonds destiné pour les affaires du Diocèse, sera remis aux Sindics des Diocèses & non à autres.

Les sommes contenuës dans l'Etat de l'année 1634, & Arrêts du Conseil donnez ensuite pour servir de fonds pour les affaires du Diocèse pendant l'année, seront remises entre les mains du Sindic particulier, & non à autres, pour être par eux employées à cet effet, & en être rendu compte à l'Assiette suivante.

IX.

Moins-imposé dans les Commissions, des interêts dûs aux Diocèses par la Province.

Il ne sera point expedié à l'avenir aucuns Mandemens par les Etats, au profit des Diocèses, pour les interêts des sommes qui leur sont dûës par la Province, lesquelles seront moins-imposées dans les Commissions qui leur sont envoyées tous les ans, dont il sera fait mention dans lesd. Commissions, & dressé un Etat dans le Bureau des Comptes des Etats, pour être remis devers le Greffe d'iceux.

X.

Appointemens

Pour l'expedition des Verbaux, Departemens,

Comptes, & pour toutes autres expeditions & affaires du Païs de Vivarais & Diocèse d'Uzés, il sera payé, sous le bon plaisir du Roi, au Greffier dud. Païs quatre cent liv., & à celui du Diocèse d'Uzés, cent liv. au-delà de ce qui leur est accordé par l'Etat de l'année 1634, & Arrêts du Conseil d'onnez ensuite; les Commissaires nommez pour examiner les impositions qui ont été faites dans la Province en l'année 1658, ayant verifié que les gages accordez auxd. Greffiers, par lesd. Etats & Arrêts du Conseil, n'étoient pas porportionnez au travail qu'ils étoient obligez de faire.

des Greffiers du Païs de Vivrais & du Diocèse d'Uzés.

XI.

Que conformément à la Déliberation prise par les Etats le 15 Janvier 1659, les Contrats des Etapes seront passez dans les Diocéses pendant la Tenuë des Assiettes; ce faisant, il est enjoint aux Commissaires principal, ordinaires, & Deputez d'icelles, de ne passer point de Contrats pour raison desd. Etapes, si ceux qui entreprendront d'en faire le fournissement, ne se soumettent par une clause expresse, à la jurisdiction des Etats, pour tous les differends qu'ils pourroient avoir, soit avec la Province, Diocéses, ou les Communautez particuliéres; comme aussi, à l'exécution du Reglement qui fut fait le

qu'ils feront inserer au bas desdits Contrats, afin

Fourniture de l'Etape.

Nota. La disposition de cet Article est inutile depuis que la fourniture de l'Etape est faite par un Entrepreneur General, auquel les Etats en font l'Adjudication.

qu'ils n'en prétendent cause dignorance; enjoignant en outre & par exprés auxd. Commissaires principaux, ordinaires, & Députez des Assiettes, de ne bailler point ledit fournissement des Étapes à un plus haut pied que celui qui se trouve établi par la Province, & d'obliger par lesdits Contrats ceux qui entreprendront, de compter aux Etats de leur dépense, de laquelle il ne sera presenté aucun compte dans le Diocése; & au cas qu'à faute de trouver des Etapiers les Sindics particuliers fussent obligez de faire ladite fourniture, les Etats leur ont deffendu d'employer dans le compte qu'ils rendront à l'Assiette, une plus grande dépense que celle qui leur sera accordée par lesdits Etats.

XII.

Cautionnement des Receveurs.
La somme à concurrence delaquelle ce Cautionnement doit monter dans chaque Diocèse, est determiné par l'Arrêt du Conseil du 15 Fevrier 1690.

Que ceux qui seront chargez du maniment des Deniers extraordinaires, seront obligez de bailler de bonnes & suffisantes cautions, durant la Tenuë des Assiettes; & que du cautionnement il sera donné un Extrait en bonne & duë forme au Trésorier de la Bourse, afin qu'il puisse agir contre ceux qui auront cautionné, faute de payement

XIII.

Jugemens des Etats.

Que les Deliberations des Etats qui seront prises tous les ans, sur la verification des Verbaux & Departement desdites Assiettes, seront attachées
aux

aux Commiſſions de MM. les Commiſſaires Préſidens pour le Roi en iceux, pour être lûës le jour de l'Ouverture des Aſſiettes, & executées ſelon leur forme & teneur, nonobſtant tous Arrêts qui pourroient être donnez au contraire; & qu'à cet effet Sa Majeſté ſera très-humblement ſupliée de faire deffenſes d'impoſer aucunes ſommes en vertu d'aucuns Arrêts particuliers, s'ils ne ſont donnez du conſentement du Sindic-General; & au cas de contravention au preſent article, les Etats ont dès-à-preſent, comme pour-lors, exclus pour jamais les Commiſſaires principaux, ordinaires, & Deputez des Aſſiettes, qui n'y auront pas ſatisfait, de l'Entre en cette Aſſemblée.

XIV.

Et parcequ'il a été remarqué par les Commiſſaires qui ont verifié les Departemens des Impoſitions qui ont été faites dans la Province en l'année 1658, qu'il y avoit de la confuſion dans la manière que les Departemens étoient faits dans les Diocéſes, qu'il n'y en avoit point qui ne fût different l'un de l'autre, & qu'il ne manquât quelque choſe de la forme & de l'ordre qui doit être obſervée, les Etats ont reſolu de rendre tous les Diocéſes uniformes dans l'execution des Impoſitions, qu'elles feront faites dans la forme qui s'enſuit.

Nombre & nature des Départemens.

Il fera fait dans le Diocéfe, des Departemens feparez des Deniers

De la Taille,

Taillon,

Fraix d'Etats & d'Affiette, dans laquelle ils comprendront encore les Deniers

De la Senéchauffée,

Garnifons,

Morte-Payes,

De l'Etape, dans lequel il ne fera fait d'autre Impofition que celle qui proviendra de la Fourniture de l'Etape.

Outre ces fix Departemens, il en fera fait un feptième, où l'on comprendra les Deniers du Don gratuit, des Gratifications extraordinaires, des Dettes & Affaires de la Province, des interêts des Dettes verifiées du Diocéfe, du Gage du Receveur ancien, aux endroits où ils font établis, & des Epices de MM. de la Chambre des Comptes, pour le Compte des Deniers extraordinaires, pour lefquelles il fera fait fonds dans les Diocéfes, conformément au Traité fait par la Province avec MM. de la Chambre des Comptes en l'année 1612, fans aucune augmentation, fous quelque prétexte que ce foit.

Nota. Les Epices de la Chambre des Comptes ont été depuis augmentées, pat le Traité fait avec elle le 23 Fevrier 1665.

ARREST
DU CONSEIL D'ETAT DU ROI,

Qui autorise le Reglement des Assiettes, fait par les Etats.

Du 3 Avril 1659.

EXTRAIT DES REGITRES DU CONSEIL D'ETAT.

SUR ce qui a été représenté au Roi étant en son Conseil, par le Sindic-General de la Province de Languedoc, Que les Gens des Trois-Etats de ladite Province, assemblez par permission de Sa Majesté en la Ville de Pezenas en l'année 1658, bien informez des abus qui se glissoient dans les Assiettes des Diocéses dudit Païs, tant au sujet des Impositions qu'autrement; & voulant remédier à ces desordres, si dommageables aux Communautez, & contraires aux Ordres de ladite Province, auroient par un Reglement contenant 22 articles, de tout ce qui doit être gardé & observé en la Tenuë desd. Assiettes, par les Commissaires principaux, ordinaires, Sindics, Consuls, & Deputez en icelles; auquel Reglement lesdits Etats assemblez la presente année en la Ville de Narbonne, ont encore ajoûté quatorze autres articles: Et comme ledit Reglement & addition à icelui, a été fait pour le bien & foulagement des Habitans de ladite Province, ont été prises les Deliberations des 23 Janvier 1658, & premier du mois de Mars dernier, par lesquelles les États auroient resolu que sous le bon plaisir de Sa Majefté, les articles contenus audit Reglement feront executez dans les vingt-deux Diocéses de ladite Province; Mais à celle fin que ce foit avec plus de force & d'autorité, ledit Supliant, conformément auxdites Deliberations, & à l'Ordonnance des Sieurs Commiffaires Préfidens pour Sa Majefté auxdits Etats, renduë en confequence le 17 dudit mois de Mars; REQUEROIT qu'il plût à Sa Majefté vouloir autorifer ledit Reglement; ce faifant, ordonner que les articles contenus en icelui, feront executez felon leur forme & teneur, avec deffenfes aux Commiffaires principaux, ordinaires, Confuls, Sindics, & Deputez aux Affiettes, d'y contrevenir, fous les peines y contenuës. VEU ledit Règlement fait par lefdits Etats le 23 Janvier 1658, contenant 22 articles; L'addition faite à icelui le premier Mars dernier, d'autres quatorze articles; Les Deliberations defdits Etats à l'effet de l'obfervation defdits Reglemens: OUY le Raport; LE RQY ÉTANT EN SON CONSEIL, a validé & autorifé les fufdits Reglemens des Etats de ladite Province de Languedoc; ce faifant, a ordonné & ordonne, qu'ils feront executez felon leur forme & teneur. Fait Sa Majefté deffenfes aux Commiffaires principaux, ordinaires, Sindics, Confuls, & Deputez aux Affiettes, des vingt-deux Diocéfes dudit Païs, d'y contrevenir, fur les peines portées par iceux. FAIT au Confeil-d'Etat du Roi, Sa Majefté y étant, tenu à Paris le troifième jour d'Avril mil fix cent cinquante-neuf. *Signé*, PHELYPEAUX.

ARREST
DU CONSEIL D'ETAT DU ROI,

Qui autorife en particulier les Articles VI. *&* XIII. *dudit Réglement.*

Du 24 Avril 1659.

EXTRAIT DES REGISTRES DU CONSEIL D'ETAT.

SUR ce qui a été reprefenté au Roi étant en fon Confeil, par le Sindic-General de la Province de Languedoc, Que Sa Majefté ayant par Arrêt du Confeil du 3 du prefent mois, autorifé le Reglement fait par l'Affemblée des Gens des Trois-Etats de ladite Province, pour ce qui doit être obfervé, gardé & entretenu par les Commiffaires principaux, ordinaires, Sindics, Confuls, & Deputez aux Affiettes dudit Païs, tant au fait des Impofitions qu'autrement, auroit, entr'autres chofes, reglé par les fix & treizième articles, de ceux qui ont été ajoûtez audit Reglement le premier du mois de Mars dernier, qu'il ne pourra être departi ni impofé dans lefdites Affiettes, fur les Communautez particulières, que les fommes qui feront confenties par les Etats, & approuvées par leurs Reglemens, ni confentir aucunes Gratifications extraordinaires; avec deffenfes, en cas de contravention, aux Receveurs, de payer aucunes fommes qui auront été impofées contre ledit ordre, à peine de pure perte, & d'en répondre en leurs propres & privez noms; comme-auffi, que les Deliberations des Etats qui feront prifes tous les ans fur la verification des verbaux & departemens defdites Affiettes, feront attachées aux Commiffions des Sieurs Commiffaires Prefidens pour Sa Majefté auxdits Etats, pour être lûës le jour de l'Ouverture des Affiettes, & executées nonobftant tous les Arrêts à ce contraires; & qu'à cet effet feront faites deffenfes d'impofer aucunes fommes en vertu d'aucuns Arrêts particuliers, s'ils ne font donnez du confentement dudit Supliant; & en cas de contravention, que les Commiffaires principaux, ordinaires, & Deputez des Affiettes, demeureront exclus pour jamais de l'Entrée auxdits

Etats; lesquels articles ledit Supliant requeroit qu'il plût à Sa Majefté vouloir ordonner être executez, avec les deffenfes y contenuës, tant contre lefd. Receveurs, Commiffaires principaux, ordinaires, & Deputez auxdites Affiettes, & fur les peines portées par iceux. Veu lefd. articles fix & treizième dudit Reglement des Etats de ladite Province de Languedoc, & oüy le Raport du Sieur de Breteüil, Contrôleur general des Finances; LE ROY ÉTANT EN SON CONSEIL, a ordonné & ordonne que lefdits fix & treizième articles dudit Reglement, dont eft queftion, feront executez felon leur forme & teneur. Enjoint Sa Majefté tant auxd. Receveurs, Commiffaires principaux, ordinaires, & Deputez aux Affiettes dudit Païs, que tous autres, de les garder & entretenir; leur faifant à ces fins deffenfes d'y contrevenir, fur les peines portées par iceux. FAIT au Confeil d'Etat du Roi, Sa Majefté y étant, tenu à Paris le vingt-quatrième jour d'Avril mil fix cent cinquante-neuf.

Signé, PHELYPEAUX.

ARREST
DU CONSEIL D'ETAT DU ROI,

PORTANT Reglement pour les Assemblées des Assiettes des Diocèses.

Du 30. Janvier 1725.

EXTRAIT DES REGÎTRES DU CONSEIL D'ETAT.

VEU par le Roi, étant en son Conseil, l'Arrêt rendu en icelui le 23 Novembre 1723. par lequel Sa Majesté, en conformité de sa Réponse à l'Article sixième du Cayer à Elle presenté en la même année par les Deputez des Etats de la Province de Languedoc, auroit renvoyé aux Commissaires qui présideroient pour Elle aux Etats lors prochains de ladite Province, & aux Commissaires qui seroient nommez par l'Assemblée desdits Etats, les Diferends & Contestations survenuës dans les Assiettes de plusieurs Diocèses de cette Province, pour, sur l'Avis desdits S^{rs}. Commissaires, y être par Sa Majesté statué ainsi qu'Elle jugeroit convenable. VEU aussi l'Avis desdits S^{rs}. Commissaires du 16 Janvier de la presente année 1725. & Sa Majesté voulant pourvoir par un Reglement general, suivant l'Avis

desdits

desdits S^{rs}. Commissaires, à tout ce qui peut prevenir de semblables Contestations, procurer la tranquilité & maintenir le bon ordre dans les Assemblées des Assiettes des Diocèses de ladite Province : Oüi le Raport du S^{r}. Dodun, Conseiller Ordinaire au Conseil-Royal, Contrôleur-General des Finances ; SA MAJESTE' ETANT EN SON CONSEIL, a ordonné & ordonne ce qui suit.

Article Premier.

Que suivant le Reglement du 23 Janvier 1658, les Assiettes seront convoquées immédiatement après la Tenuë des Etats, & au plûtard un mois après la fin d'iceux, aux Villes & Lieux où elles ont accoûtumé de se tenir.

Tems de la Tenuë des Assiettes.

II.

Les Commissions pour la Tenuë des Assiettes étant reçûës par les Sindics des Diocèses, ils en donneront connoissance aux Commissaires ordinaires des Diocèses, & de leur Ordonnance lesdits Sindics ou Greffiers indiqueront le jour de la Tenuë de l'Assiette, en faisant avertir huit jours à l'avance, le Commissaire Principal & les autres Personnes qui ont droit d'y assister.

Jour de la Tenuë de l'Assiette indiqué par les Sindics ou Greffiers, de l'ordre de MM. les Commissaires ordinaires.

III.

Qui font ceux qui ont droit d'assister aux Assiettes.

Il ne sera reçû dans les Assiettes que les S^{rs}. Evêques & Barons des Diocèses, & en leur absence, leurs Grands-Vicaires & Envoyez, le Commissaire Principal & les Commissaires Ordinaires de chaque Diocèse, avec les Deputez des Villes qui ont droit d'assister auxdites Assiettes.

IV.

Qui sont les Commissaires ordinaires du Diocèse.

Les Commissaires ordinaires du Diocèse, sont l'Evêque, le Baron, l'Officier de Justice, & les Consuls de la Ville Capitale ; & comme dans quelques Diocèses il y a aussi des Diocésains qui sont Commissaires ordinaires, il ne sera rien changé à cet usage.

V.

Devoirs rendus par les Consuls de la Ville où se tient l'Assiette, au Commissaire principal.

La veille du jour de l'Ouverture de l'Assiette, les Consuls de la Ville seront tenus d'aller visiter le Commissaire principal en Robes & avec Livrées Consulaires, & l'Evêque & le Baron ; & le jour de l'Ouverture lesdits Consuls iront chercher le Commissaire principal de la même maniére, pour le conduire au Palais Episcopal, où tous ceux qui ont droit d'assister aux Assiettes seront tenus de se rendre.

VI.

On partira du Palais-Episcopal pour aller à la Messe ou au Lieu de l'Assemblée, dans l'ordre suivant. L'Evêque marchera dans le milieu, en Rochet & Camail, ayant à sa droite le Commissaire principal, & à sa gauche les Barons qui ont droit d'assister à l'Assiette, tous sur la même ligne; & au second rang, les Commissaires ordinaires du Diocése, & ensuite les Deputez des Villes & Lieux qui ont droit d'y assister, les Officiers du Diocése marchant à la tête.

Ordre de la Marche.

VII.

Etant arrivez à l'Eglise, il y aura trois Prié-Dieu placez sur une même ligne; celui du milieu pour l'Evêque, celui de la droite pour le Commissaire principal, & le troisième à la gauche pour les Barons; & dans les Assiettes où le Senéchal assiste, ou le Juge-Mage en son absence, il y aura un quatrième Prié-Dieu sur la même ligne, à côté de celui du Commissaire principal, & les autres Commissaires & Deputez auront des Bancs devant eux à chaque côté de l'Eglise, au-dessous des Prié-Dieu.

Rang qui doit être observé à l'Eglise.

VIII.

L'Assiette se tiendra dans l'Hôtel-de-Ville; &

Ordre de la Séan-

ce dans l'Assemblée. si par la situation des Lieux, on a accoûtumé de se placer dans des hauts Bancs, comme aux Etats, l'Evêque occupera la place du milieu, le Commissaire principal, & les autres Deputez des Villes dans le Parterre ; & si l'Assemblée se tient autour d'un Bureau, il y aura trois Fauteüils à la tête dudit Bureau sur la même ligne, celui du milieu pour l'Evêque, celui de la droite pour le Commissaire principal, & le troisième à la gauche pour le Baron ; & s'il y a plusieurs Barons dans le Diocése, ayant droit d'assister à l'Assiette, ils auront chacun un Fauteüil, qui seront placez tout de suite sur le retour du Bureau du même côté : Lorsque le Senéchal assistera en personne à l'Assiette, on placera un Fauteüil pour lui après le Commissaire principal sur le retour du Bureau, & en son absence le Juge-Mage occupera ledit Fauteüil ; & si le Juge-Mage y assiste avec le Senéchal, ledit Juge-Mage n'aura qu'une Chaise à dos à la suite du Senéchal : les Maire & Consuls de la Ville Capitale, qui sont Commissaires ordinaires, auront pareillement des Chaises à dos à la suite du Juge-Mage : dans les Assemblées où il n'y a point de Juge-Mage, mais seulement le Viguier ou Juge, ils seront placez sur des Chaises à dos au-dessus des Maire & Consuls de la Ville Capitale ; & s'il se rencontre quelqu'Assiette comme celle de

Beziers, où le Juge-Mage & le Viguier ont droit d'assister, le Juge-Mage aura le Fauteüil, & le Viguier une Chaise à dos, & les autres Deputez des Villes & Lieux du Diocése, seront placez sur des Bancs à dossier aux deux côtez du Bureau, après les Fauteüils & Siéges des Barons & Commissaires ordinaires; & en l'absence de l'Evêque ou du Baron, le Vicaire-General & Envoyé occuperont leur place.

IX.

Les Maire & Consuls de la Ville Capitale, & les autres Commissaires ordinaires, auront voix deliberative, à l'exception de l'Officier de Justice; & l'Evêque, en qualité de President, recüeillira les voix, & n'opinera que le dernier.

Voix déliberative des Maire & Consuls de la Ville Capitale, & autres Commissaires ordinaires, à l'exception de l'Officier de Justice.

X.

Le Procès-Verbal de l'Assiette sera lû en pleine Assemblée & signé, conformement aux Reglemens du premier Mars 1659, en trois originaux, de même que le Departement des Impositions, avant la fin de l'Assiette, par l'Evêque, le Commissaire principal, le Baron, & les Commissaires ordinaires, & Deputez, en la même manière que leur rang & séance est reglé ci-dessus.

Signature du Procès verbal de l'Assiette, & du Département des Impositions, avant la fin de l'Assiette, & dans l'ordre de la séance.

XI.

De qui eſt compoſé le Bureau de la Capitation.

Le Bureau de la Capitation pour la confection des Rôles, & celui de la Direction des Affaires du Diocèſe pendant l'année, feront nommez par l'Aſſiette, & compoſez de l'Evêque ou de ſon Grand-Vicaire, d'un des Barons des Etats, ou de ſon Envoyé alternativement dans les Aſſiettes où il y en aura pluſieurs, de l'Officier de Juſtice & des Maire & Conſuls de la Ville Capitale, & des autres Deputez des Villes qui feront jugez néceſſaires, leſquels Commiſſaires, le Sindic ou le Greffier du Diocèſe, feront tenus d'avertir quelques jours avant la Tenuë des Aſſemblées.

XII.

Les Procureurs du Roi, & Promoteurs exclus des Aſſiettes.

Les Procureurs du Roi & les Promoteurs qui ſe ſont introduits abuſivement dans quelques Aſſiettes, en feront exclus, conformément aux Arrêts du Conſeil des dernier Fevrier 1603, 3 Decembre 1604, dernier Mars 1617, & Ordonnance des Commiſſaires Préſidens pour le Roi, du 23 Avril 1625.

XIII.

L'Aſſiette d'Alais ſe conformera au préſent Réglement.

L'Aſſiette du Diocèſe d'Alais ſe conformera au préſent Reglement; pour ce qui concerne les Rangs & Séances des Commiſſaires & Députez,

& signature des Mandes, nonobstant l'Arrêt du Conseil du 25 Janvier 1695, auquel Sa Majesté a dérogé pour ce chef seulement, voulant qu'il soit exécuté pour le surplus.

XIV.

Le présent Reglement n'aura point lieu pour les Assemblées ou Assiettes particulières du Vivarais, du Gevaudan, du Puy & d'Alby, qui sont composées diferemment & plus nombreuses.

Les Assiettes du Vivarais, du Gevaudan, du Puy & d'Alby, en sont exceptées.

XV.

Les Reglemens des 23 Janvier 1658, & 1er. Mars 1659, ensemble les autres Arrêts & Reglemens sur le fait des Assiettes, seront executez selon leur forme & teneur, pour tout le contenu en iceux qui n'est pas contraire au présent Reglement. FAIT au Conseil-d'Etat du Roi, Sa Majesté y étant, tenu à Marly le 30e. jour de Janvier 1725.

Confirmation desReglemens des 23 Janvier 1658, & premier Mars 1659.

Signé, PHELYPEAUX.

EXTRAIT DU REGISTRE
des Déliberations prises par les Gens des Trois-Etats du Païs de Languedoc.

Du Vendredi 3ᵉ. Janvier 1755, Président Monseigneur l'Archevêque & Primat de Narbonne, Commandeur de l'Ordre du Saint Esprit.

MONSEIGNEUR l'Evêque de Carcassonne a dit, Que s'étant assemblé avec MM. les autres Commissaires nommez pour la verification des Impositions faites par les Assiettes des Diocèses, la Commission a commencé par entendre la lecture de l'Arrêt du Conseil du 30 Octobre dernier, par le troisième article duquel, Sa Majesté ayant égard aux représentations qui lui ont été faites par MM. les Deputez des Etats, a bien voulu ordonner que la verification desd. Impositions, seroit faite à l'avenir en la même forme qu'elle l'étoit avant l'année 1750, conformément aux Lettres-Patentes du mois d'Octobre 1667,

1667, & aux anciens Reglemens, dont les principales difpofitions concernant les Emprunts & Impofitions à faire par les Diocèfes pour les reparations extraordinaires & entretien des Ouvrages publics qui font à leur charge, font rapellées dans les articles IV. & V. du même Arrêt.

Que MM. les Commiffaires fe font auffi fait repréfenter les Reglemens faits par les Etats les 23 Janvier 1658 & premier Mars 1659, autorifez par les Arrêts du Confeil des 3 & 24 Avril de ladite année, concernant tout ce qui doit être obfervé par lefdites Affiettes, & que n'y ayant rien à ajoûter aux fages précautions qu'ils renferment, la Commiffion avoit crû devoir fe contenter de propofer à l'Affemblée de charger les Sindics-Generaux de les faire imprimer pour être de nouveau envoyez dans les Diocèfes, afin qu'on s'y conforme exactement à l'avenir.

Que la Commiffion a enfuite entendu le Raport qu'ont fait les Sindics-Generaux des Impofitions faites en 1754 dans chaque Diocéfe, fur lefquelles il fera expedié des Jugemens en la forme ordinaire.

Qu'il a parû en general, que lefdites Impofitions font conformes aux anciens Reglemens ou Etats arrêtez en 1634, ou à des Arrêts du Confeil & Ordonnances pofterieures données fur le confentement des Etats, qui en ont autorifé plusieurs par augmentation, & que s'il y en a quelqu'une qui n'ait pas été autorisée en la même forme, la legitimité de l'emploi & l'ancien usage avoient parû pouvoir y supléer, sur tout dans le moment présent, où il paroît qu'on ne peut pas éviter d'arrêter de nouveaux Etats ou Reglemens des Dépenses ordinaires de chaque Diocése, qui sont comprises dans les Départemens des fraix d'Assiette.

Qu'en effet, on ne peut pas douter que la difference des tems & des circonstances, ne donne lieu de faire divers changemens dans lesdites dépenses; Qu'on en avoit même reconnu depuis long-tems la necessité, & qu'il avoit parû indispensable à MM. les Commissaires de proposer aux Etats d'inserer dans les Jugemens qu'ils doivent rendre sur les Impositions de chaque Diocèse, que MM. les Commissaires & Deputez à l'Assiette prochaine feront examiner avec une attention particulière, toutes les dépenses qu'ils croiront necessaires, & feront dresser le Projet d'un nouveau Reglement ou Etat desdites dépenses, avec leurs observations sur les changemens qu'ils pourront proposer, pour être deliberé sur le tout par les Etats dans leur prochaine Assemblée, & en être ensuite poursuivi l'autorisation de Sa Majesté, ainsi qu'il appartiendra.

Que cependant, & en attendant que ce nouveau

Reglement puisse être fait & autorisé, la Commission étant informée & convaincuë de l'insufisance de la somme de cent livres, à laquelle a été fixé depuis plus de cent ans l'Honoraire du Commissaire principal des Assiettes, a crû devoir proposer à l'Assemblée de l'augmenter, sous le bon plaisir du Roi, d'une somme proportionnée à l'augmentation de toutes les dépenses & aux frais que sont obligez de faire ceux qui ont cette commission, pour se transporter le plus souvent à des distances considerables du Lieu de leur résidence ordinaire, & de fixer cette retribution pour l'avenir, à commencer de la presente année, à la somme de trois cens livres.

Surquoi les Etats, en approuvant ce qui a été fait par MM. les Commissaires, ont rendu les Jugemens qui sont inserez à la suite du Procès-Verbal, sur les Impositions faites par les Diocèses de la Province en l'année 1754, ils ont deliberé, 1°. Que les Reglemens faits pour les Assiettes en 1658, 1659, seront imprimez de nouveau pour être joints aux Commissions qui seront envoyées dans les Diocèses pour la Tenuë des Assiettes, & qu'il en sera fait lecture à chaque année dans lesdites Assiettes.

2°. Que les Etats consentent que l'Honoraire du Commissaire principal dans chaque Assiette, soit augmenté & porté, sous le bon plaisir de

Sa Majefté, à la fomme de trois cens livres, qui fera impofée à cet effet dès la préfente année, dans le Déparrement des Fraix d'Afliette.

Collationné.
Signé GUILLEMINET.

A MONTPELLIER,
De l'Imprimerie de JEAN MARTEL, Imprimeur du Roi,
& de Noſſeigneurs des Etats de Languedoc. 1755.

www.ingramcontent.com/pod-product-compliance
Lightning Source LLC
Chambersburg PA
CBHW060507050426
42451CB00009B/858